Ángel Parrilla de la Fuente

APULEYO EDICIONES   FOMENTO DE VALORES   CUENTOS ILUSTRADOS

El ratón Pérez
y los dientes sanos

APULEYO EDICIONES   FOMENTO DE VALORES   CUENTOS ILUSTRADOS

El Ratón Pérez es un trabajador autónomo que vive en Madrid; su casa está en el centro de la ciudad, en la plaza de Cibeles, junto al Ayuntamiento.

La pequeña puerta de su madriguera está en una de las salidas del metro "Banco de España" y le gusta escuchar a los niños que se acercan a visitarlo mientras permanece escondido detrás de la puerta.

Como todos sabéis, el Ratón Pérez trabaja, como muchos papás y mamás, por las noches; es el encargado de recoger los dientes de leche cuando se les caen a los niños y a cambio suele dejarles un regalo; a veces deja regalos grandes, a veces deja regalos pequeños...

Por las mañanas, cuando los niños están estudiando en el colegio, el Ratón Pérez limpia y da brillo al esmalte de los dientes sanos que ha recogido la noche anterior para completar su trabajo; un camión grande los recoge con cuidado porque son muy valiosos y se los lleva fuera de la ciudad.

También recibe los pedidos con los regalos que días antes ha encargado; los repartidores le van dejando las cajas en la entrada de su casa. Como podéis imaginaros, la casa del Ratón Pérez está llena de regalos, podemos encontrar juegos de mesa, relojes, collares, pulseras, anillos, muñecas, coches teledirigidos y cualquier otro juguete que os podáis imaginar.

Durante mucho tiempo, el Ratón Pérez ha excavado varios túneles por el interior de la ciudad por los que suele correr y así llegar más rápido a todas partes; sin que nadie se interponga en su camino.

El laberinto de túneles y pasadizos subterráneos finaliza en unas puertas mágicas que le hacen aparecer en cualquier lugar del mundo.

Para no perderse, el Ratón Pérez tiene un mapa y, además, solo él conoce el lugar a donde le lleva cada puerta mágica. De esta forma, el Ratón Pérez aparece en alguna alcantarilla o lugar cercano y así puede llegar lo antes posible a la casa de cada niño por las noches.

¿Cómo se entera el Ratón Pérez de cuántos dientes tiene que recoger cada noche? Porque tiene un olfato muy desarrollado y es capaz de oler el esmalte de los dientes de leche de los niños.

El esmalte es la prueba de que los dientes están sanos, por eso, el Ratón Pérez te suele dejar un regalo a cambio.

Los niños y las niñas, después de comer, tienen que lavarse bien los dientes para evitar que el sarro y la caries se fijen en ellos, deterioren el esmalte y se pongan de color amarillo o negro, da igual que utilices un cepillo de dientes manual o uno eléctrico, lo que sí tienes que hacer es dejarlos limpios y no ser perezoso a la hora de lavártelos.

¿Y cómo hace el Ratón Pérez para llevar tanto regalo?

Porque tiene un saco mágico donde mete todos los regalos y, aunque le caben muchos, a veces, se queda sin ellos al ir finalizando la noche, pero, por su experiencia y como es muy listo, en un bolsillo se suele meter unas monedas y algún billete; también lleva consigo tarjetas regalo de todo tipo.

Por las noches, justo cuando los niños se están acostando y antes de salir a recoger los dientes de leche de los niños, el Ratón Pérez abre una puerta secreta que está oculta en el fondo de su casa, baja por unas escaleras de piedra hasta llegar a una gran sala, que es donde se encuentra el inicio del laberinto de túneles y pasadizos.

Allí, el Ratón utiliza su potente olfato, desarrollado para saber cuántos dientes tiene que recoger esa noche, y después sube de nuevo por las húmedas escaleras, para recoger su saco mágico lleno de regalos y el mapa para no perderse.

María, David y Arturo son tres amigos y llevan varios días notando cómo se les está moviendo dentro de la boca su primer diente; es algo molesto, pero los tres tienen ganas de que se les caigan, porque ya saben que, cuando se les cae uno, el Ratón Pérez les deja un regalo a cambio.

¡A algún niño de su clase ya se le han caído y se lo han contado!

Esa noche, tanto María como David se lavaron bien sus dientes, como suelen hacer a diario, como se lo había dicho su dentista; en cambio, Arturo es más perezoso y otra vez ha evitado lavarse la boca, engañando a sus padres.

Un día, a los tres amigos se les cayeron los dientes de leche.

A María le pasó en el colegio, cuando estaba jugando a la pelota con sus amigos en el patio, el resto se puso a buscarlo y, tras un buen rato, María tuvo suerte porque su profesora lo encontró y se lo entregó envuelto en un papel para que se lo diera a sus padres.

A David le pasó por la tarde, cuando estaba comiendo un bocadillo en la merienda, sus padres se lo guardaron para que por la noche lo pusiera debajo de la almohada.

Sin embargo, su amigo Arturo volvió a evitar lavarse los dientes y cuando se pasó la lengua por ellos después de cenar, uno se le soltó. Arturo, emocionado, se lo dijo a sus padres y se lo mostró.

El diente era de color oscuro, al contrario que los de sus amigos, que eran de color nácar; los padres de Arturo hicieron lo mismo que hacen todos los padres cuando a su hijo se le cae un diente de leche, que es ponerlo en la almohada para que esa noche el Ratón Pérez se lo cambie por un regalo.

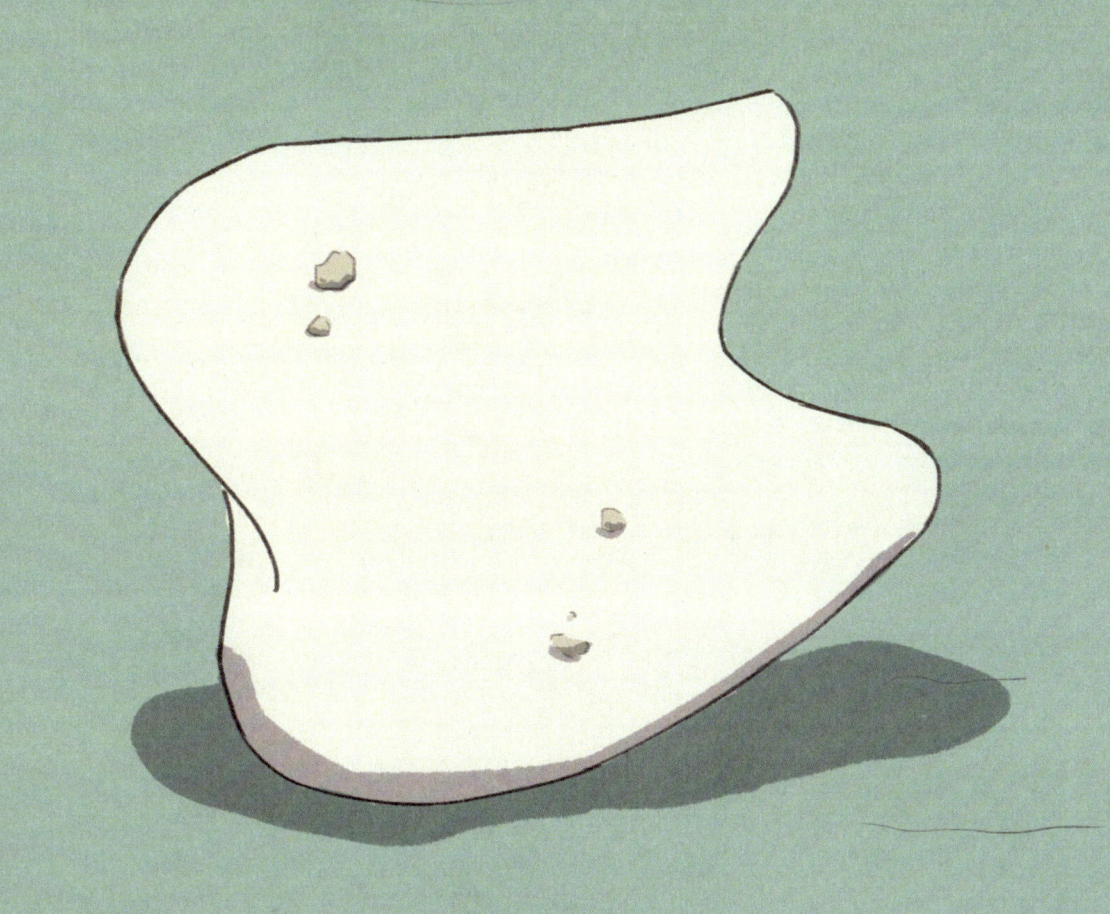

Esa noche, el Ratón Pérez hizo lo mismo que hace todas las noches, bajó por las escaleras de piedra hasta la gran sala de acceso a los túneles, utilizó su potente olfato desarrollado para saber cuántos dientes tiene que recoger y trazó el mejor camino. Llenó el saco mágico con todos los regalos que pudo, también cogió billetes, monedas y tarjetas de regalo; tras eso, se internó en los túneles para aparecer cerca de las casas de los niños.

Esa fue una noche de mucho trabajo, cuando llegó a casa de María, vio que estaba dormida, de debajo de la almohada tomó el diente, dejando uno de los últimos regalos que le quedaban a los pies de su cama.

Cuando pasó por casa de David, este estaba dormido, sujetando fuerte el diente con su mano, el Ratón Pérez, con mucha habilidad, lo sacó de entre sus dedos y al meter la mano en su saco ya se había quedado sin nada para dejarle, entonces, el Ratón Pérez, utilizando su experiencia e ingenio, le dejó a David una tarjeta de regalo de su juego favorito.

A otros niños les dejó monedas o algún billete porque ya se había quedado sin regalos en el saco mágico, pero todos tuvieron algo a cambio de su diente.

Es por este motivo que, cuando os despertáis por la mañana, vuestro diente ha desaparecido y podéis encontraros un juguete, dinero o alguna tarjeta de regalo.

Pues este cuento ha llegado a su fin y no queda más que decir...

Un momento... ¿Qué ha pasado con Arturo? ¿Qué ha pasado con su diente? ¿El Ratón Pérez se ha olvidado de Arturo?

Cuando Arturo se ha levantado por la mañana, sigue con el diente de leche bajo su almohada y se está preguntando por qué lo tiene y no ha recibido ningún regalo a cambio. ¿Sabéis qué ha podido ocurrir? ¿Tanto trabajo ha tenido el Ratón Pérez como para no tener tiempo de pasar por la casa de Arturo?

Lo que ha ocurrido es que el Ratón Pérez solo huele el esmalte de los dientes de leche sanos y limpios de los niños y como Arturo no tiene una buena higiene bucal y sus dientes no están en buenas condiciones, el Ratón no lo ha notado, por eso no ha pasado por su casa y se ha quedado sin regalo.

Así que, niños y niñas, recordad que si queréis que el Ratón Pérez se lleve vuestro diente de leche y a cambio os deje un regalo, tenéis que lavaros bien los dientes, de la manera que dice vuestro dentista, después de cada comida y todas las noches antes de iros a dormir.

Así tendréis unos dientes limpios, blancos y con el esmalte en perfectas condiciones. De esta forma, lograréis un buen regalo por parte del Ratoncito Pérez.

Ahora sí que sí, que todos los niños y
niñas tuvieron dulces sueños, mientras,
sus padres les leían este cuento.

© Ángel Parrilla de la Fuente (de la obra)
©Apuleyo Ediciones (de esta edición)
Primera edición en Apuleyo Ediciones: mayo 2024
Diseño de cubierta: Sofía Corzo González
Corrección: Aitor Andreu Guerrero
Maquetación: Domingo Carrasco Martín
Ilustraciones: Ignacio Zabaleta
Coordinación editorial: Isidoro Cidre González
info@apuleyoediciones.com
www.apuleyoediciones.com
ISBN: 978-84-1060-079-9
Depósito legal: H 748-2023

Hecho e impreso en España.